AF362727

LES CHANSONS DE LA CHIÈVRE

DE REIMS, TROUVÉRE DU XIIIᵉ SIÈCLE,

MISES EN LANGAGE MODERNE, AVEC LEUR MUSIQUE ET UNE NOTICE SUR CE POÈTE.

LES CHANSONS

DE

ROBERT LA CHIÈVRE DE REIMS

LES CHANSONS DE LA CHIÈVRE

DE REIMS, TROUVÉRE DU XIIIe SIÈCLE,

MISES EN LANGAGE MODERNE, AVEC LEUR
MUSIQUE ET UNE NOTICE SUR CE POÈTE.

A

Georges LACHÈVRE

Sergent au 1er Régiment de Génie

Pilote Aviateur

Son père et sa mère.

NOTICE SUR LA CHIÈVRE, DE REIMS, PAR *FRÉDÉRIC LACHÈVRE*.

LES CHANSONS, MISES EN LANGAGE MODERNE, PAR *MADELEINE LACHÈVRE*.

NOTICE SUR LA MUSIQUE DES CHANSONS, PAR *GRILLOT DE GIVRY*.

LA MUSIQUE DES CHANSONS, EN NOTATION MODERNE, PAR *GRILLOT DE GIVRY*.

CE QUE L'ON A ÉCRIT SUR ROBERT LA CHIÈVRE

LES DOCUMENTS IMPRIMÉS

Il est question pour la première fois de ROBERT DE REIMS dans l'ouvrage de Claude Fauchet : RECUEIL DE L'ORIGINE DE LA LANGUE ET POÉSIE FRANÇOISE, RYME, ROMANS, PLUS LES NOMS ET SOMMAIRES DES ŒUVRES DE CXXVII POÈTES FRANÇOIS VIVANS AVANT L'AN MCCC. A PARIS, PAR MAMERT PATISSON, IMPRIMEUR DU ROY, AU LOGIS DE ROBERT ESTIENNE, M. D. ₵. LXXXI (Liv. II, ch XXIX, p. 140) :

« Robert de Reims fut bon poëte : en sa III⁰ (chanson), il fait des antithèses d'amour, disant : *Qui bien veut amors descrivre* (suit le texte de cette chanson, 5 couplets sur 6) » (1).

De 1581 à 1849, il n'est presque plus question de Robert de Reims. En 1850, M. Tarbé dans les CHANSONNIERS DE CHAMPAGNE AUX XIIᵉ ET XIIIᵉ SIÈCLES (Collection des Poètes de Champagne antérieurs au XVIᵉ siècle) consacre à LA CHIÈVRE les deux notices que voici :

« LACHIÈVRE, DE REIMS. Des trois chansons, qui passent pour être de ce poète, il n'en est qu'une qui ne lui soit point contestée ; aussi a-t-on été tenté de nier son existence et de le confondre tantôt avec *Gobin*, tantôt avec *Robert* ses deux compatriotes. Cependant jamais on ne trouve l'un de ces deux noms réuni à celui de *Lachièvre*. Ce n'est pas tout : Le nom de *Lachièvre* est celui d'une famille demeurant à Reims dans les XIIIᵉ et XIVᵉ siècles. Elle le donnait au quartier qu'elle habitait, et sa maison se trouvait près de l'antique église Saint-Symphorien, aujourd'hui

---

(1) Il manque le couplet : « Qui chiet en désespérance. »

détruite(1). Pour qu'elle servit pour ainsi dire d'enseigne à sa rue, il fallait que ses propriétaires fussent gens notables et estimés. Peut-être la popularité dont jouit notre confrère lui valut-elle cet honneur. En 1304 nous voyons les officiers de la taille à Reims imposer à 12 sols *Blanche, femme de Henry de La Chièvre*. Elle demeurait alors près de l'église Saint-Etienne, démolie en 1793. Ne serait-ce pas la veuve de notre trouvère ? »

« ROBERT, DE REIMS. Deux des chansons de ce trouvère sont en litige. *La Chièvre*, rémois comme lui, peut bien y avoir droit. On en a conclu qu'ils ne faisaient qu'un seul et même individu. Mais on aurait dû remarquer que ces mêmes couplets sont attribués au poète Monnios par le Ms. 7613. Il faudrait donc aussi confondre *Robert* avec *Monnios de Paris* et *Monnios d'Arras* (2). Heureusement son œuvre se compose de plusieurs autres pièces dont aucun copiste ne lui a ravi la paternité. Nous y remarquerons deux pastourelles, dont l'une s'intitule rimes en écho. Elle se compose de vers longs et de vers très courts alternés. Ces derniers se composent des consonnances qui terminent ceux qui les précèdent, ils imitent ainsi le son de l'écho. Ce jeu littéraire est plus puéril qu'agréable. *Robert* fut certainement un des premiers à qui vint cette idée, il vivait dans le XIIIe siècle. »

Après M. Tarbé nous arrivons à M. Paulin Paris qui, au T. XXIII (fin du treizième siécle, Paris, Firmin Didot, 1856) de l'admirable HISTOIRE LITTÉRAIRE DE LA FRANCE, a fait une petite place à ROBERT DE REIMS sous le nom de ROBERT LA CHIÈVRE, DE REIMS :

« Les six chansons conservées sous le nom de *Robert La Chièvre, de Reims*, nous font regretter de n'en avoir pas retrouvé dans les manuscrits anciens un plus grand nombre. Elles n'ont sans doute pas la délicatesse de celles du roi de Navarre ; mais les sentiments de *Robert* ont quelque chose de plus

(1) C'est le quarrel Jehan Le Buef, en commensant au pignon devers La Chièvre en allant en rue Favereuse vers Sainte-Marguerite. — C'est le quarrel de La Chievre en allant vers les fossés. — C'est le quarrel dou mez St-Thierry en commensant au pignon devers La Chievre en allant vers Sainte-Marguerite 6, 9, 10 et 13 du livre de la Taille en 1528. Arch. de la ville de Reims.
(2) C'est notre chanson III ; aux deux ms. qui donnent Monios ou Monnios, il est facile de leur en opposer sept autres qui portent La Chievre de Rains ou Robert de Rains.

vif et de plus original. Il aimait une femme dont il commença à chanter les vertus et la beauté ; il croyait pouvoir compter sur elle, mais elle le quitta pour suivre un rival plus riche, et tout en cherchant à la rejoindre il chante ses ennuis et ses regrets :

Jamais portant con l'âme el cors me bate (chanson IX)

»Dans les premiers vers du couplet suivant, il se compare à un Ecossais, c'est-à-dire à un pauvre vagabond, vêtu et chaussé misérablement ; « car porter sa savate » paraît synonyme de « marcher avec des souliers sans semelle : »

Si comme Escos qui porte sa chavate

» Il termine ainsi la même chanson :

Or ai-je dit trop grant descovenue

La Chièvre retrouva peut-être son indigne maitresse. Dans une autre chanson, il compare avec une sorte de résignation piquante les peines et les plaisirs de l'amour :

Qui bien veut amors descrivre (chanson III)

»Les manuscrits que nous avons consultés nomment *Li Chievre*, *la Chievre*, et *Robert de Rains*. Ces variétés nous ont décidé à l'inscrire ici sous le nom de *Robert la Chièvre*. Fauchet a cité de lui, d'un bout à l'autre, cette dernière pièce, en disant avec raison : « Robert de Rains fut bon poète. »

M. Arthur Dinaux dans son ouvrage : LES TROUVÈRES BRABAN-ÇONS, HAINUYERS, LIÈGEOIS ET NAMUROIS (PARIS ET BRUXELLES, 1863, T. IV), lui a consacré sous le nom de CHIEVRE une longue notice sur laquelle nous reviendrons :

»Le nom de Chievre est-il celui de l'auteur d'une chanson au dernier couplet de laquelle on lit : *La Chièvre dit...* ? C'est ordinairement le lieu où les trouvères déclarent leur nom dans leurs œuvres, et la forme en laquelle ils se révèlent au lecteur. Si ce nom, ainsi placé, est celui du poète, ce qui ne parait guère douteux, ce même poète ne pouvait être qu'un trouvère hainuyer : Chievres est le nom d'une très ancienne petite ville du Hainaut, nommée *Servia* en latin et située sur la route de Mons à Ath. On y a honoré depuis des siècles une image miraculeuse, dans la paroisse

Notre-Dame, qui attirait beaucoup de pèlerins. La seigneurie de Chievres a été acquise, en l'an 1440, par Antoine, seigneur de Croy, qui l'acheta du duc d'Orléans. Guillaume de Croy, gouverneur de l'empereur Charles-Quint et son premier conseiller, y avait fait bâtir un château dont il reste à peine quelques traces.

»Cette terre est passée ensuite dans la famille des comtes d'Egmont et enfin est tombée en possession du prince Pignatelli. C'était autrefois une des paieries du Hainaut. Suivant une monnaie frappée sous le règne de Charles le Chauve, Chievres existait dès l'an 877.

»A toutes ses illustrations, il ne manquait à cette petite ville que celle d'avoir donné son nom à un aimable trouvère qui peut-être est sorti de son sein. Dans tous les cas il serait originaire des environs, ainsi qu'on le voit par tous les personnages portant des noms de familles empruntés à des localités. Les Cambray, les Douay, les Douchy, les D'avesnes, les Tournay, les Debavay, sont tous cantonnés dans nos provinces, et ont évidemment pour auteurs des individus nés dans l'endroit même dont ils ont pris le nom. Si aujourd'hui on trouve encore ces familles groupées non loin des lieux qui les ont nommées, cela devait être encore plus vrai au XIIIe siècle, époque où l'on était plus près de l'origine des noms de famille. Il doit donc nous être permis de penser que La Chièvre a vu le jour non loin de la petite ville ainsi appelée, ou du moins était originaire de la province dans laquelle elle se trouvait située.

»A une lieue de Chièvres, à Cambron, florissait une abbaye de religieux de l'ordre de Citeaux, fondée vers l'an 1148, par Anselme de Trazegnies, seigneur de Péronne, chanoine de l'église de Soignies. On honorait aussi en l'église de ce monastère, une image miraculeuse de la Sainte-Vierge, dont le culte y devint célèbre en 1322, lorsqu'un juif faussement converti vint la percer de cinq coups de lance qui produisirent autant de blessures dont on vit couler du sang. Un tel évènement en ces temps de foi religieuse dut émouvoir les populations et animer la verve des poètes. Un trouvère du pays, que la ville de Chièvres pourrait peut-être aussi revendiquer, composa sur cette dramatique histoire un poème dont nous avons donné plus haut des fragments importants.

»On lit au chœur de l'église de Chièvres l'inscription suivante : « Cy gist haut et très illustre messire Guillaume de Croy, marquis de Renty, seigneur de Chievres, Neuf-Maison, de Goupelle, Bourbourch, Gravelingne et seigneur de Nieland, mort au château de Renty, le 1ᵉʳ Août 1565. »......

»Pour en revenir au chanteur du nom de Chièvres, nous ne citerons qu'une chanson de lui, contenue dans le ms. de la bibliothèque impériale, Nᵒ 1989, fonds Saint-Germain, 8ᵒ, 34 rᵉ, elle a été insérée par M. Leroux de Lincy, p. XLVIII de ses préliminaires du tome 1ᵉʳ de son *Recueil de chants historiques français*. Cette petite œuvre n'est pas la seule du trouvère ; il ne devait pas s'arrêter en si bon chemin ; aussi en connait-on cinq autres de lui, et on en découvrira d'autres encore, et même, si parmi les chansons anonymes il en est d'excellentes, ce qui est assez rare on peut les attribuer à notre auteur.

»Boileau a dit :

> *Un sonnet sans défaut vaut seul un long poème*

Nous pourrions affirmer, en empruntant sa pensée, que les quatre ou cinq couplets que nous insérons plus loin sont préférables à certain poème roman de plusieurs milliers de vers. Cette chanson réunit la délicatesse et la finesse de la pensée à l'agrément et à la naïveté de l'expression : elle brille par le fond et par la forme. C'est une peinture vive et philosophique de l'amour, de ses joies et de ses maux, de ses avantages et de ses infortunes. Ce qui était vrai chez les anciens, le fut encore au XIIIᵉ siècle, et n'a pas changé aujourd'hui. Il n'y a pas d'âge pour ce vieil enfant qu'on nomme l'Amour, qu'Anacréon et Ovide ont si bien connu et chanté et que le modeste trouvère de Hainaut semble avoir aussi traité avec connaissance de cause. Le lecteur en jugera par ces gentilles strophes : *Qui bien veut Amors descrivre....*

»Cette hn (*La Chièvre dit, sanz faintise*) est philosophique et vraie. Dans un autre manuscrit qui a servi au président Fauchet, cette jolie chanson a un couplet de plus (*Amors va par aventure*) qui vient après le deuxième. Une autre chanson de la Chièvre, dans laquelle il se plaint des perfidies de sa maîtresse, a été publiée par extrait dans le T. XXIII de l'*Histoire littéraire de la France* (p. 752), cette pièce prouverait assez que ce trouvère a été malheureux en amour, ce qui l'a conduit à chanter les inconvé-

11

nients de cette passion, avec une certaine énergie, dans la meilleure de ses pièces que nous venons de publier et qu'on pourrait appeler : *les Antithèses d'amour*.

»Le trouvère *li Chievre*, ou *la Chievre*, est quelquefois nommé *Robert de Rains*, ce qui pourrait (sans sortir du Hainaut) l'appliquer à la localité de Raimes près Valenciennes ; mais le président Fauchet a tranché la question avec une décision absolue en l'appelant *Robert de Reims*. M. Paulin Paris, dans l'*Histoire littéraire de la France*, voyant ces variétés de noms, s'est décidé plus judicieusement à l'inscrire sous le nom de *Robert la Chièvre*, ce qui n'exclut pas ce poète de notre petite ville du Hainaut.»

Nous nous bornerons à ces citations sans nous arrêter aux textes où des érudits, à propos de La Chièvre, ont simplement démarqué les études de Fauchet, de Tarbé, de Paulin Paris et de Dinaux.

SOURCES MANUSCRITES

Les manuscrits contenant tout ou partie des neuf chansons signées de ROBERT DE REIMS et de LA CHIEVRE, DE REIMS, sont au nombre de quinze.

Voici le premier vers de ces neuf chansons :

I.	BIEN S'EST AMORS HONIE.
II.	PLAINDRE M'ESTUET DE LA BELE EN CHANTANT.
III.	QUI BIEN VEUT AMORS DESCRIVRE.
IV.	QUAND VOI LE DOLZ TENS VENIR.
V.	L'AUTR' IER DE JOUSTE UN RIVAGE.
VI.	TOUZE DE VILE CHAMPESTRE.
VII.	QUANT FUEILLISSENT LI BUISSON.
VIII.	MAIN S'EST LEVEE AELIZ.
IX.	JAMAIS POR TANT CON L'AME EL CORS ME BATE.

Voici, d'autre part, la liste des manuscrits qui les ont recueillies :

1) Bibl. nat. Nouv. acq., fr. *1050* (ms. Clairambault, seconde moitié du XIIIe siècle, ou commencement du XIVe)

Chanson I, (elle est précédée de la mention : *Cy commencent les chansons Robert de Rains*) ; II, III, IV, V, VI, VII, VIII ; musique notée pour toutes les chansons (Ms. X).

2) Bibl. Arsenal, 5198 (ms. du marquis de Paulmy, XIIIe siècle) ; chanson I et II, signée La Chièvre de Rains ; III et IV signées Robert de Rains ; VI anonyme. — Musique notée pour toutes les chansons sauf pour II (Ms. K).

3) Bibl. nat., Fr. 845 (ms. Ayant appartenu à Cangé, à Guyon de Sardières, et à Madame de Varennes - Gode, XIVe siècle) : chanson I, II, III et IV, signées Robert de Rains. Musique notée pour toutes les chansons. (Ms. N).

4) Bibl. nat., Fr. 847 (ms. ayant appartenu à Cangé. XIVe siècle) : Chansons I, Robert de Rains ; II, La Chievre de Rains ; III et IV, Robert de Rains. Toutes sont notées (Ms. P).

5) Bibl. de Berne, 389 (fin du XIVe siècle) : chanson III, La Chièvre de Rains.

6) Bibl. nat., Fr. 844 (appelé par de la Borde, ms. du Roi, a fait partie de la bibliothèque du Cardinal Mazarin, seconde moitié du XIIIe siècle) ; chansons : III, VIII, IX, Li Chièvre de Rains. VIII et IX sont notées. (Ms. M).

7) Bibl. nat., Fr. 12615 (appelé ms. de Noailles, a appartenu au maréchal de Noailles, fin du XIIIe siècle, probablement écrit à Arras) : chansons notées: III, Kièvre Rains; VIII, Robert de Rains; IX, Kièvre de Rains (Ms. T).

8) Bibl. nat., Fr. 20050 (célèbre sous le nom de *Chansonnier de Saint-Germain des Prés*, a fait partie de la bibliothèque de Seguier-Coislin, MM. G. Raynaud et P. Meyer l'ont reproduit en fac-simile dans la *Collection des anciens textes français*, milieu du XIIIe siècle) ; chansons : I, III (notées) et IX anonymes (Ms. U).

9) Bibl. nat., Fr. 846 (a appartenu à Baudelot, puis à Cangé, fin du XIIIe siècle) : chanson III anonyme avec musique notée (Ms. O).

10) Londres, British Museum. F. Egerton 274 (seconde moitié du XIIIe siècle) : chanson III anonyme.

11) Modène. Bibliothèque d'Este (XIII° et XIV° siècles) : chanson III sig. Monniot d'Arras ou Monios.

12) Bibl. nat., Fr. 1591 (a appartenu aux frères Dupuy, XIV° siècle) : chanson III sig. Moniot ; musique notée (Ms. R).

13) Bibl. de la Faculté de médecine de Montpellier. H. 196 (a appartenu au président Bouhier, première moitié du XIV° siècle) : chanson III anonyme ; IV (la première strophe seulement) anonyme ; VII (id), anonyme.

14) Bibl. de l'Arsenal 6361 (copie des anciennes chansons françaises tirées du manuscrit de la Clayette. Cette copie a été exécutée pour La Curne de Sainte-Palaye, et a appartenu au marquis de Paulmy) : chanson IV (la première strophe seulement) anonyme.

15) Bibl. du Vatican., Fonds Christine, 1490 (a appartenu à Claude Fauchet, XIV° siècle) : chanson III anonyme.

Le texte des chansons de La Chièvre dans les manuscrits présente quelques variantes. Nous avons indiqué à l'occasion les plus importantes ; les autres ne nous ont pas paru valoir la peine d'être relevées.

CE QUE L'ON SAIT DE ROBERT LA CHIÈVRE

I

Maintenant que nous connaissons les notices consacrées à Robert de Reims et à La Chièvre de Reims, aucun doute, comme l'a d'ailleurs reconnu M. Paulin Paris, ne peut subsister sur l'identité du poète qui se nommait ROBERT LA CHIÈVRE, DE REIMS.

En effet, le collecteur du manuscrit 1050 de la Bibliothèque nationale a réuni sous le nom de Robert de Reims huit chansons sur les neuf attribuées à ce trouvère. Or parmi ces huit chansons, les quatre premières se répètent sous le nom de La Chièvre de Reims dans d'autres manuscrits : Arsenal, 5198, Bibl. nat. 844 et 847, Berne 389 ; la neuvième est signée deux fois : Kievre ou Chievre de Rains dans les Ms. de la Bibl. nat. 844 et 12615. Les quatre chansons restantes : V, VI, VII et VIII sig. Robert de Rains ne peuvent donc être que de Robert La Chièvre, de Reims.

Ce point établi passons à l'assertion de M. Dinaux qui a prétendu faire du trouvère champenois un trouvère hainuyer. L'existence de la petite ville appelée Chièvres n'est pas suffisante pour justifier cette substitution, pas plus que n'est probante celle de Raismes à Reims. Il apparait inutile de discuter une biographie appuyée sur d'aussi hasardeuses analogies.

A quelle époque naquit La Chièvre ? Nous inclinons à penser que ce fut vers la seconde moitié du XIIe siècle ; et qu'il dut être le contemporain de Colin Muset — ce type du véritable ménestrel, ami des dés et de la table — dont Gaston Paris nous esquissa spirituellement le portrait :

15

« C'était un ménestrel de profession. Il passait sans doute l'hiver bourgeoise-
ment avec sa femme et sa fille, dans une maison qui ne manquait pas de
confort et où il avait un valet et une servante ; puis les beaux jours venus,
monté sur son cheval, sa valise en croupe, sa *viele* et son *archet* liés par-dessus,
il s'en allait dans les châteaux pour divertir les seigneurs et les dames. Il leur
viellait sans doute toutes sortes de choses, des chansons de geste et des chansons
d'amour, des *triboudaines* et des pastourelles. Dans son répertoire figuraient
des pièces de lui, ce qui lui donnait un rang à part parmi les ménestrels. Il
semble qu'il avait donné à l'une de ces pièces le nom de *muse* ou de *muset*,
qu'elle avait eu du succès et que le surnom lui en était resté. Dans ses compositions il se met presque toujours en scène avec sa vielle et son archet, et se
représente à la fois comme un poète, un amoureux et un parasite. Il désire
par-dessus tout *mener bone vie* en mangeant des chapons à l'ail et en buvant
du vin frais, mais il veut être assis dans une prairie verdoyante et fleurie, au
mois de mai, un *chapel* de roses sur la tête, et il aime être servi par une
blondete qui complète sa joie par quelques savoureux baisers. C'est le rêve
qu'il se plaît sans cesse à caresser et qu'il nous raconte avec une grâce singu-
lière. Ces vives exquisses charmaient sans doute aussi ses auditeurs par leur
mélange imprécis de poésie légère et de grasse matérialité. D'ordinaire, il
rentrait chez lui revêtu d'une belle robe fourrée, la valise gonflée, parfois avec
un cheval frais en place du *roncin* fatigué qu'il avait emmené ; on lui faisait
alors bel accueil ; mais il n'en était pas toujours ainsi ; il se trouvait des
seigneurs, voir des comtes, qui le laissaient vieller tant qu'il voulait, ne lui
donnaient rien, et ne dégageaient même pas, suivant l'usage, les vêtements ou
les objets qu'il avait dû donner en gage à son hôte pour la dépense ; l'hôte
les gardait impitoyablement, car on ne le voyait guère qu'en songe, cet hôte
idéal « qui ne voudrait pas compter »,... Le pauvre Muset n'était pas bien
reçu quand il rentrait à la maison sur son cheval harassé avec sa *male farcie
de vent* et sa bourse dégarnie ; sa femme le soupçonnait d'avoir été faire la
débauche *aval la vile*, au lieu de faire la tournée lucrative qu'il avait annoncée ;
encore ne parlait-il pas du *det* qu'il avait contracté, et qu'il s'efforçait d'oublier
lui-même. Aussi fallait-il de temps en temps se résigner à des expéditions plus
longues : il fallait trotter après quelque « mauvais prince » qui ne vous
récompenserait que bien médiocrement de vos peines ; facheux moment pour
qui n'aimait qu'*aise et sejor* ! Mais d'autres fois aussi, on vivait grassement

quitte à engager son manteau, dans quelque *bonne vile* où on médisait des *borjoises*, et où on donnait à un confrère en poésie comme Jacques d'Amiens des conseils empreints de la sagesse et de la plus pratique : « Faites comme moi, *si menés bone vie* ; ne donnez votre amour qu'aux bons morceaux, aux bons vins, et par cette froidure, aux grands feux dans la chambre ! » Ainsi se passa la vie de Colin Muset, une vraie vie d'oiseau, voyageuse et casanière. légère et sensuelle, recluse en hiver et vagabonde en été, familière jusqu'a l'insolence avec ceux qui l'entretiennent, mais toujours gazouillante et mêlant à ses effronteries et à ses libertinages ce que des ailes, un gosier vibrant et l'amour des bois et des prés donnent toujours de poésie. Dans ces conditions on comprend sans peine que l'œuvre de notre ménestrel ne ressemble pas à celle des chevaliers qui, pour plaire aux dames et acquérir le renom d'une parfaite courtoisie, s'appliquaient à produire sur les thèmes donnés de l'art à la mode quelques variations poétiques et musicales, il a cherché à prendre leur ton dans la pièce : *Quant voi lo douz temps raparier* et dans celle : *En ceste note dirai*, où il parle de *merci* de *bel servir*, et menace de mourir si sa *bele douce amie* ne l'exauce pas ; mais il reprend vite courage et lui promet, si elle vient le rejoindte *desoz l'ente florie*, tout ce qui constitue pour lui le bonheur idéal, une *crasse de rostie* et de *bon vin sor lie*. En somme, l'originalité de Colin Muset tient à sa condition sociale et à sa profession ; sa poésie est en marge de la poésie courtoise qu'on peut appeler officielle, comme sa vie est en marge de la société courtoise qui l'accueille et le paie, mais dont il ne fait pas partie ».

Au contraire de Colin Muset, La Chièvre fut-il poète tout simplement par goût et par vocation ? L'absence de toute préoccupation matérielle dans le peu de chansons qui nous restent de lui nous induirait volontiers à cette hypothèse. Mais si jamais ses vers ne nous le montrent, comme le pauvre Colin Muset, à l'approche de l'hiver, en quête d'un « oste large » :

> Qu'eüst porc et buef et mouton,
> Maslarz (1), faisanz et venoison,
> Grasses gelines et chapons
> Et bons fromages en glaon (2).

rien de précis ne vient confirmer notre supposition.

(1) Canard sauvage mâle.
(2) Panier d'osier. Cette chanson : « Quand je doi yver retorner » est le N° XV des Chansons de Colin Muset publiées par Joseph Bedier. 1912 (Les classiques français du Moyen-Age).

Il se pourrait cependant qu'il eût appartenu à la famille La Chièvre de Reims, ce qui lui aurait octroyé une certaine indépendance. Cette famille a donné son nom aux XIIIe et XIVe siècles au « quarrel La Chièvre en allant vers les fossés » (1), dans lequel se trouvait une maison dite de La Chièvre à côté de l'antique église Saint-Symphorien aujourd'hui détruite. M. Tarbé a relevé, en outre, sur les cahiers de la taille, le nom de Blanche, femme de Henry de La Chièvre, imposée pour 12 sols en 1304.

Ne sachant rien de particulier sur la vie de notre trouvère, nous rappellerons seulement que c'est dans une rue proche de la vieille église de Saint-Pierre le Vieil, où la légende veut que Saint-Remy ait baptisé Clovis, qu'habitaient les trouvères, jongleurs, ménestrels et vielleurs ; cette rue fut désignée plus tard sous le nom de rue des Ménétriers. Vers 1300, c'est-à-dire un demi-siècle environ après la mort de La Chièvre, tous ces chanteurs se réunirent en corporation avec les peintres sur bois et sur verre, les brodeurs et les sculpteurs et élirent pour patron le vidame du chapitre de Reims, auquel chaque année ils faisaient hommage d'une selle de satin, brodée d'or. Les registres de la taille de 1300 à 1335 nous ont transmis les noms des musiciens et des poètes qui vivaient alors et dont, pour la plupart, les œuvres ont été perdues. C'étaient les ménestrels Richard, Chanterel, et Ernoult, les jongleurs Drouyns et Thomas, les trouvères Gassart (2) et Persons li Musères, et les « vieulleurs » Guichart et Garinet. De jeunes muses semblent avoir fréquenté ce cénacle, comme au XVIe siècle, à Lyon, Louise Labé et Pernette du Guillet ; elles avaient

(1) « C'est li livres en lequel sont contenus tous les héritages de la ville de Reins qui sont tenus à paier des couronnemens, tant des trépassés comme de ceulz à venir, toutes foiz que le cas y eschiet et les noms de ceulz qui les tenoient au temps que ly Roy Philippe, jadis conte de Valoiz, fut sacré, lequelz fut sacré le jour de la Trinité, l'an CCCXXVII » (Publié par Pierre Varin, Archives administratives de la Ville de Reims, T, II, Ier p. Paris, 1873). — L'acte en question est daté du 29 Mars 1328.

(2) Il reste de lui un jeu-parti. Ajoutons à ces noms celui du poète Jacquemin de Laivante installé à Reims en 1289 avec le titre de « Ménestrel de l'Archevêque ».

nom Rose, Clémence et Belle de Reims (1). Il est regrettable que nous n'ayons pas une énumération aussi certaine pour le siècle précédent, celui de La Chièvre ; cependant La Chièvre a pu connaître, en dehors de Colin Muset, Aubin de Sézanne et Gobin de Reims dont nous est parvenue une chanson violemment satyrique (2).

II

Six des chansons de Robert La Chièvre (sur neuf) semblent inspirées par une passion vraie. Si notre manière de voir est exacte, elles n'en seraient que plus intéressantes, car les trouvères se devaient de chanter une maîtresse le plus souvent imaginaire. Ils y voyaient l'occasion de se livrer à des lieux communs, à des exercices poétiques impersonnels et abstraits, qui, en raison des sujets et de leurs cadres, ont provoqué cette boutade de M. Louis Passy : « Prenez dix trouvères lyriques, vous ne trouverez pas dix hommes, mais un seul trouvère », aussi a-t-il été possible de réduire à quelques formes et à quelques idées les deux mille chansons que nous ont conservées les manuscrits. Parmi les formes, nous nommerons la pastourelle, la romance, la ballette, le retrouenge, le serventois et la chanson de toile ; les idées se ramènent à ce que La Boétie ne nous empêchera pas de désigner par

(1) Tarbé. Chansonniers de Champagne, p. VII.

(2) Cette chanson tout à fait injurieuse pour les femmes a 5 str. de 12 v., elle commence : « On soloit ça en arrier ». Voici la 4ᵉ st, la moins cruelle :

> En non Deu, ce dit Gobin,
> Mainte fame fet por vin
> Assez de desloiautez :
> Por un pasté de connin,
> Ou por l'aisle d'un poucin
> En fet on sa volente.
> Ce n'est mie chiere ville,
> Quant por un pasté d'anguille
> Puet-on tel marchié trouver.
> Cil est foux, qui met XX livres :
> Estre doit tenus por yvres :
> Bien doit le borrel porter

Le « borrel », c'est le harnais d'une bête de somme.

l'obstination dans la « servitude volontaire » : patience envers la dame et discrétion même avant qu'elle ait donné son amour. L'imprécision est de rigueur, les bois et les prés « à la saison nouvelle » doivent autant que possible servir de cadre à l'amant désespéré et établir un facile contraste entre la joie de la nature en éveil et la désolation du cœur que rien ne vient apaiser.

III

Mention est faite dans deux manuscrits anciens d'un La Chièvre qui fit un roman en vers de TRISTAN ET ISEULT. Ces témoignages nous sont fournis par le miracle LA TRÉSORIÈRE (1) qui conte la légende de sœur Béatrice. C'est dans ce miracle dont le manuscrit est conservé à la Bibliothèque de l'Arsenal, que nous lisons le passage suivant :

> GAUTIER d'Arras qui fist d'ERACLE,
> Et GUIOS qui maint bel miracle,
> Traita de cele damoisele
> Qui sen pere enfanta pucele,
> Et CHRESTIENS qui moult bel dist
> Quant CLEGET et PERCHEVAL fist,
> Et LI KIEVRES qui rimer valt
> L'amor de TRISTRAN et d'ISAULT,
> Et d'ISAIRE et de TENTAIS
> Trova ROGIERS DE LISAIS,
> Et BENEOIS DE SAINTE-MOIRE
> De TROIES translata lestoire,
> Tout cil estoient menestrel
> Si bon cors nen sont nis-i-tel

(1) Ms n° 3518. f. 96. Ce miracle, le XXIe du volume, a pour titre :
> D'une none tresoriere
> Qui fu hors de sabeie
> .V. ans. et nostre dame
> Servi pour li.

Tel est d'autre part le début de la branche II du Roman de Renart (1) :

> Seigneurs, oï avez maint conte
> Que maint conterre vous raconte :
> Comment Paris ravi Elaine,
> Le mal qu'il en ot et la paine :
> De Tristram dont La Chièvre fist (2)
> Qui assez bellement en dist
> Et fabliaux et chancons de geste.
> Romanz de lui et de sa beste
> Maint autre conte par la teste.

Est-il possible, en nous servant de ces extraits de poèmes postérieurs au Tristan de La Chièvre, de déterminer la date à laquelle ce roman a été composé et, par conséquent, d'établir si ce La Chièvre s'identifie avec le trouvère ?

L'auteur inconnu de La Trésorière parle de l'Eracle de Gautier d'Arras, d'un Miracle de Guiot, du Cligès et du Parceval de Chrestien, d'Isaire et de Tantais de Roger de Lisais, et du Roman de Troye de Benoit de Sainte-More. Le Miracle de Guiot et le poëme d'Isaire et de Tantais sont perdus. Pour l'Eracle, on en place la composition vers 1164, le Cligès serait de 1170 et le Parceval de 1174-1175, le Roman de Troye, d'après M. L. Constans, remonterait à 1155-1160.

Or, si nous poursuivons la lecture de cette branche II du Roman

(1) Le Roman de Renart publié par Ernest Martin, Strasbourg, 1882, T. I., p. 91. C'est la branche de Renart et d'Isengrin com il issirent de la mer.

(2) M. Gaston Paris a adopté la version d'un manuscrit où se lit pour ce vers la variante dont au lieu de qui. Ce passage n'avait pas été compris des anciens éditeurs. Méon note : « Episode du Roman de Tristan, sur lequel Marie de France a fait un lai ». Legrand d'Aussy traduit : « Vous connaissez Tristan qui fit La Chièvre, ses fabliaux, ses chansons de gestes. » C'est sur la foi de cette version que Lacombe dut reconnaitre en Tristan « l'un des poètes célèbres, qui faisaient des chansons amoureuses sur le modèle de celles des troubadours et qui réussirent le mieux dans ce genre tendre et badin ! » (Dictionnaire du vieux langage françois. T. I., p. XXVI).

DE RENART, nous voyons l'auteur nous conter l'aventure du vilain Constans des Noes auquel des goupils enlevèrent ses gélines :

> Et li sires Constans des Noes
> Un vilain qui moult est garnis
> Manoit moult près du plesseïs.

Mais cette anecdote précisément se retrouve dans le roman de GUILLAUME DE DOLE que M. G. Servois croit avoir été rimé « entre le mois d'octobre 1199 et le mois de mai 1201 » (1).

Le poète GUILLAUME LE CLERC la mentionne également dans son BESTIAIRE, composé deux ans après qu'Innocent III eut jeté l'interdit sur l'Angleterre. soit en l'année 1210 :

> Assez avez oï fabler
> Coment Renart soleit embler
> Des gelines Costeins de Noës (2).

D'après ces divers textes qui s'échelonnent de 1155 à 1210, il est permis de conclure que l'auteur de LA TRÉSORIÈRE écrivit son miracle vers 1180 et que la branche II du ROMAN DE RENART date de 1200. Le TRISTAN du poète La Chièvre remonterait donc à une période comprise entre 1160 et 1175, tandis que la langue dont s'est servie notre chansonnier, de même que sa science de versification lui assigneraient comme époque de production la première

---

(1) Le « Roman de la Rose » ou de Guillaume de Dole, publié par G. Servois (Société des anciens textes français, 1893, p. 14).

(2) V. 1307 de l'édition R. Reinsch. Voici en quels termes Guillaume le clerc s'exprime sur l'interdit (v. 2707-2714) :

> Quand l'auctor, qui rima cest livre
> Deveit ici entor escrivre
> Mult esteit triste e dolanz :
> Car ja avoit esté deus anz
> Seinte église si dolerose
> E. si mate e si poorose
> Que meint quidouent par folie
> Que son espos l'eûst guerpie.

moitié du XIIIe siècle. Il est cependant assez peu vraisemblable que deux écrivains du même nom — et d'un nom peu répandu — se soient succédés en moins d'un siècle : 1160-1240.

Voici en terminant l'opinion si autorisée de M. Bédier, sur la participation de La Chièvre au roman de TRISTAN ET ISEULT :

« On n'y verra figurer ni le nom de Chrétien de Troyes, ni celui de La Chievre, auteurs de romans de *Tristan* qui ont péri... Ces deux romans de Chrétien et de La Chievre sont perdus : qu'y pouvons-nous ? Pourtant plusieurs critiques ne pouvant admettre qu'ils aient disparu sans laisser aucune trace de leur influence, ont cherché à en déterminer la place parmi les versions conservées, et dans les tableaux généalogiques qui ont été dressés (celui de M. Muret, par exemple), ils ont introduit les noms de La Chievre et de Chrétien, et considèrent leurs romans perdus comme les sources de tel ou tel des romans conservés. Ce n'est pas illégitime, à condition qu'on attribue à ces tableaux précisémeut la même valeur qu'aux X et Y de notre tableau(1) Encore n'est-ce tout à fait vrai que pour La Chievre, que nous pouvons nous représenter à notre gré comme le modèle d'Eilhart et du roman en prose, car nous ne savons rien de lui sinon qu'il s'appelait La Chievre et qu'il avait raconté : l'histoire de Tristan, mais nous ne pouvons disposer au même titre du nom de Chrétien de Troyes qui n'est pas pour nous un inconnu. M. Muret reconnait en son roman perdu le modèle de ceux de Béroul et de La Chievre, Pourtant qui peut se représenter que l'auteur d'*Erec* et de *Cligès* soit responsable de l'œuvre rude et peu courtoise de Béroul ou d'Eilhart ? C'est, nous dit-on, que les imitateurs de Chrétien en ont usé fort librement avec leur modèle, que le *Tristan* de Chrétien était un de ses premiers ouvrages, et que Chrétien, au temps de sa jeunesse, pouvait ne ressembler aucunement au Chrétien précieux que, seul, nous connaisons. Soit ; cela revient à dire que son nom, mis à la base des œuvres de Béroul et d'Eilhart, est celui d'un inconnu, et a tout juste la même signification que l'Y de notre tableau (2) ».

FRÉDÉRIC LACHÈVRE.

(1) Les x et y du tableau de M. Bédier indiquent les sources « inconnues » où ont puisé les auteurs des romans de Tristan : X pour les versions de Thomas, etc., Y pour les versions de Béroul, Eilhart, etc.

(2) Bédier. Le roman de Tristan de Thomas. T. II, 1905, p. 308, note 2.

23

LES CHANSONS DE ROBERT
LA CHIÈVRE MISES EN
LANGAGE MODERNE PAR
MADELEINE LACHÈVRE
NÉE FIGUIÉRA

I

Combien amour s'est avili — par si noire trahison ! — Il m'a fait
sans amie — aimer toute ma vie. — Je suis mort, ce m'est avis, —
parce que je n'aime plus. — Et jamais en ma vie — ne serai amant
sans reproche.

La grande joie s'est évanouie — que me faisait toujours — par
tricherie Amour — qui tout entier m'avait conquis. — Las ! je
m'étais mis — complètement en son pouvoir : — or il m'a aban-
donné ! — Jamais plus n'y serai pris.

Pris par quoi serais-je — quand j'en suis échappé ? — Je ne sais,
mais tel est fou — qui, après, revient souvent — là, où il a été tourmenté. — Dieu ! si je faisais ainsi — j'aurais plus douce amour ; —
mais trop m'en suis blâmé.

Tôt m'en repentirais, — si j'étais raisonnable. — Sur ma foi,
m'écriais-je — comme homme désespéré : — Vraiment, Amour,
vous me tuez ! — du moins je le voudrais bien. — Je n'ai plus de
force — auprès de vous, bien le savez.

Dame, si ce doux martyre — je dois bien endurer, — que jamais
notre Sire — ne me puisse soulager — si je cherche à le fuir. — Si
me voulez tuez — je ne saurai choisir — meilleure mort ni la trouver.

D'amour ne sais que dire — quand plus j'y veux penser : — Une
heure me fait rire, — l'autre me fait pleurer. — Je ne l'en dois
blâmer ; — mais dépit et colère, — me font dire et dédire — et
follement parler.

II

Il faut que je me plaigne de la belle en chantant — jusqu'à ce qu'elle entende le refrain : — comment son amour ensorcelle mon cœur — ce qui, sans cesse, lui renouvelle ses maux. — Jamais d'aimer il ne fut repentant, — mais tous les jours il m'agrée davantage — de la servir ; mon attente n'en sera que plus douce.

Très patiemment, il attend son secours — celui qui de cœur droit et vraie grâce implore ; — et mon cœur va toujours cherchant — à ce que jamais on ne triche avec lui. — Mais maintenant je m'aperçois très bien — que si je suis plus longuement déçu, — le premier mal à pire mal me ramène.

Sachez donc bien, dame, en toute vérité — qu'il m'est besoin d'avoir votre aide — et que, sans vous, aucune consolation — ne pourra apaiser la douleur de mon cœur. — Je ne le dis pas pour me rétracter : — mieux vaut recevoir la mort en paiement — qu'amour partagé soit pour moi retardé.

Mais c'est, peut-être, quelque assaut — qu'Amour a tenté contre moi. — Et je le sers sans nulle crainte — parce que je sais qu'en sera bien récompensé — mon desir ; car de telle monnaie — sont payés ceux qui, sans attendre, — ont essayé, d'un cœur loyal, un amour partagé.

Douce dame, pleine de grande bonté, — dont nul ne saurait décrire la beauté, — je surmonterais facilement tout autre (rival) — si vous daigniez m'élire pour votre ami — car je vous aime tant ! Jamais ne fut raconté — le mal que je sens ; et je suis soumis à ce point — que je n'osai jamais désobéir à votre volonté.

Heureusement il devra être tenu compte pour me récompenser — du grand tourment qui me fait souffrir de plus en plus. — Mais de haut cœur descend haute bonté ; — aussi j'attends que vous me guérissiez. — Et si mon cœur aspire si haut — (par amour maint vilain s'est élevé), — tendant plus haut, il aura joie plus grande.

III

Qui veut bien Amour décrire : — Amour est méchant et bon ; — le plus sobre, il enivre — et le plus sage, rend fou ; — les prisonniers il délivre — les délivrés emprisonne ; — fait chacun mourir et vivre — et à chacun prend et donne.
ET FOL ET SAGE EST AMOUR, — VIE ET MORT, JOIE ET DOULEUR.

Amour est prodigue et avare ; — celui qui le voit s'en éloigne. — Amour est doux et amer — à celui qui bien l'éprouve. — Amour est marâtre et mère : — d'abord il frappe, puis console. — Et celui qui plus cher le paie — est celui qui moins s'en étonne.
ET FOL ET SAGE EST AMOUR, — VIE ET MORT, JOIE ET DOULEUR.

Amour va à l'aventure : — chacun y perd et gagne. — Par excès et par mesure — guérit chacun et le rend malade. — Bonheur et malheur — sont toujours en sa compagnie. — Il est donc raisonnable et juste — que chacun s'en loue et plaigne.
ET FOL ET SAGE EST AMOUR, — VIE ET MORT, JOIE ET DOULEUR.

Souvent rit et souvent pleure — qui aime de tout son cœur : — bien et mal le poursuivent ; — il cherche son profit et son dommage. — Et si le bien se fait attendre, — il en a tel avantage — que la félicité d'une seule heure — les maux d'une année soulage .
ET FOL ET SAGE EST AMOUR, — VIE ET MORT, JOIE ET DOULEUR.

Qui tombe dans le désespoir — par souffrance ou par trahison — a
tout perdu sans retour, — et à ce jeu n'y connaît guère. — Car le
mal et le chagrin — les douleurs et les contrariétés — sont ce qui
peut arriver de plus heureux — à celui qui sait en faire son profit (1).
ET FOL ET SAGE EST AMOUR, — VIE ET MORT, JOIE ET DOULEUR.

La Chèvre dit franchement — d'Amour, en conclusion — de ce qu'il
en raconte : — qu'ainsi on le trouve sans faute, — car celui
qu'Amour gouverne — et qui pour lui se tourmente — ne pourrait,
qu'il le veuille ou non, — cueillir le grain sans la paille.
ET FOL ET SAGE EST AMOUR, — VIE ET MORT, JOIE ET DOULEUR

IV

Quand je vois le doux temps venir, — la fleur en la prairie, — la
rose s'épanouir, — alors je chante, pleure et soupire, — tant ai
desir d'amour — que je ne puis satisfaire ! — Las ! — Ma joie sans
regrets — tient — à ce que je ne puis m'assagir. — Consentir —
je ne veux, sans rien recevoir, — à la séparation. — Je vois ce que
je souhaite — et ne puis en avoir d'agrément.

Quand plus je regarde et j'admire — sa couleur rosée, — de chagrin crois mourir — car je ne pense l'obtenir. — Hélas ! elle me
plait tant — que je refuse à m'en séparer. — Hé — Dieu ! pour-
rais-je être assez son serviteur : — Que nuë la puisse tenir — A
loisir ! — Non, je le crois, elle ne sera jamais — à ma discrétion. —
Quoiqu'il m'en puisse advenir — je l'aime sans crainte d'être déçu.

Je l'aime fleur et rose et lis — et sage et sensée ; — ce m'est un plaisir et honneur, — plus mon cœur l'aime et l'estime. — Quand je
vois en pensée — ce qui en elle m'a conquis : — Pris — m'ont son

(1) Quelques manuscrits donnent « geu » au lieu de « preu » (profit).

œil et son doux ris ; — m'a ensorcelé et subjugué — son lumineux visage.
— Sa grande beauté et son amour — m'ont tellement embrasé —
que mort suis, ne pouvant avoir pis, — si d'elle n'ai secours.

V

L'autre jour, le long d'un ruisseau, — accablé d'amour extrême, —
j'errais au travers d'une prairie — pour soulager ma douleur, — quand
je vis seule en un détour — pastourelle bien faite et sage, — de plus
très bien parée : — Tête blonde, yeux riants — et teint frais. —
Aussi vite que je le pus, — j'allai vers elle. — En sa main tenait
un tambourin ; — et elle m'agréa à ce point que, sans attendre, —
de si loin que je la vis, — je lui offris mon amour.

Je la salue doucement, — près d'elle aussitôt je m'assis, — et elle
alors me rend mon salut ; — puis après lui dis mon desir : — « Belle,
je suis votre ami ; — si vous avez envie de moi, — tout sera à votre
agrément. » — « Sire, je vous en remercie — mais j'agirais trop
mal — si Robin que j'aime tant — j'abandonnais, ce me semble :
— Il est trop épris de mon amour — et du sien suis pareillement. —
Jamais d'aimer ne sentis — le tourment, mais maintenant je le sens. »

« Belle, tout ceci est sans intérêt ; — faites ce que je vous demande :
— Donnez-moi sans discuter — votre amour de bonne grâce, — et
laissez là votre berger. » — « Certes, sire, il m'est trop cher. —
En un mot je vous le dis : — je ne le veux pour autre changer, —
et vous m'avez offensée. — Mais retournez-vous en — qu'il ne vous
trouve ici. — Je l'attends sous ce pommier, — près du bois vert et
fleuri ; — jamais le bois ne m'ennuia, — ni moi ni mon ami. »

VI

Jeune pastourelle — paître — menait ses agneaux — et n'avait —
que son petit chien à sa droite — Elle allait — courbée en apparence
— se dérobant, — vers l'endroit où Robin jouait du flageolet. —
Et voilà — sa voix qui répond — en fredonnant — l'air d'un refrain.

Quand Robin aperçut la pucelle, — celle-ci vint à lui en riant. —
Alors — il embrasse la demoiselle. — Elle — le fait sortir du sentier,
— car sincère — était son doux cœur et son désir. — S'en allant —
ils ont fait maint tour — et détour — s'accolant et dansant.

Robin dit : « si je savais — chemin — qu'autre ne connut. — Si
avait — ma mie, à manger à son contentement — de l'oie — et des
gâteaux poivrés, — trempés — dans un grand hanap de bois — et
que ce fût — du vin Fromentel (1) — et tel — que la belle ne le
refusât... »

VII

Quand feuillissent les buissons, — que naît la fleur en la verte prairie
— que chante l'oisillon — vers le temps et la saison d'été, — il me
faut chanter, par la raison — qu'Amour me l'a dit et commandé. —
Il a mon cœur retenu en prison — et s'est depuis très longtemps engagé
— à me récompenser — selon mon desir. — Et il m'a accordé la
faveur — de pouvoir ouvertement chanter :
DE PAR DIEU JE M'EN DÉSOLE — ET TOURMENTE POUR AIMER (2).

Je l'ai longtemps servi — de tout cœur loyal et joyeux, — et encore
le servirai — pour attendre plus grande récompense. — Si la belle
que j'aime tant — ne me prouve autrement son amour, — mon cœur

(1) Le vin « Formentiex » ou plutôt Fromentel, était du vin fait avec des raisins Fromenteau,
excellent raisin de Champagne (Godefroy).
(2) Le vers « Et debris d'aimer » n'a que 5 syllabes au lieu de 6, nous le donnons d'après le
manuscrit de Montpellier H. 196 ; « Et debris pour aimer ».

croit s'en détacher bientôt. — En vain l'ai-je servie longuement ; —
je ne m'en repens pas encore — ni ne le ferai jamais, — Et si je ne
la puis posséder, — je pourrai dire sans mentir :
QUE LES VERTS GLAIEULS — M'ONT ENLEVÉ MON AMIE !

VIII

De bon matin s'est levée Aelis — qui tout son cœur en gaieté —
a mis, et s'en montre joyeuse. — Seule elle s'achemine — vers un
verger — où chantait un merle — qui, bien à regret — à cause d'elle,
cessa de chanter. — Quand elle sous la ramée — eut chanté à
pleine voix, — en une douce pensée — se changea son desir (1).

Elle est belle et avenante, — ni trop petite ni trop grande;—la figure
blanche et éclatante, — bouche colorée, — yeux brillants et riants,
— gorge blanche comme argent —...., — mammelettes pointantes.
— Alors elle s'était arrêtée, — songeant longuement — au grand
retard — de ses amants.

IX

Jamais tant que l'âme me battra au corps, — je ne voudrai penser à
l'amour, — quand je songe comme m'a trompé si complètement —
la créature au monde que j'ai le plus aimée. — Encore qu'elle soit
plus gloutonne qu'une chatte, — je l'aime mieux que femme qui soit
née — et je ne crois plus que mon cœur puisse en avoir de joie.

(1) Le texte que nous avons reproduit porte : « Iut à ma volente » et c'est celui de la plupart des Ms ; un seul le Fr. 1050 donne « Muir à ma volonté », c'est probablement Muier, qui a mué », et c'est là sinon le sens exact, tout au moins un sens quelconque ; « jut » ne signifie rien, c'est une faute des copistes. Nous croyons donc qu'il faut lire et c'est cette transcription que nous donnons ici : « Muier sa volonté », c'est-à-dire « Qu'en une douce pensée, a mué sa volonté » ou si on aime mieux, a changé son desir.

Comme un Ecossais qui traine sa savate (1), — son capuchon rac-
commodé de lambeaux, — déchaussé, nu-pieds, afflublé d'une natte,
— je la chercherai en pays étrangers.— Sous un toit sans clou ni latte,
— je ne me coucherai, tant que je n'aurai trouvé — celle pour qui
j'ai le teint si blême.

Je m'émerveille comment elle s'est si longtemps contenue — qu'elle n'ait
fait aucune escapade — soit en jardin ou en place ou en rue, — mais
je connais si bien et son être et sa vie,— qu'elle ne sera pas longtemps
enfermée : — jamais sa terre ne sera bien labourée — tant qu'elle
n'aura qu'un bœuf à sa charrue.

Or, j'ai dit mon trop grand désenchantement. — Cela me pèse, que
Dieu me bénisse ! — Plus noble créature ne fut jamais vue ! —
C'est par mauvais conseil que la belle se laissa enlever ! — Mais si elle
veut devenir ma maitresse, — ce dont je prie ma très douce ennemie,
— qu'elle ne fasse plus tel marché de chair crue !

---

(1) « Porter sa chavate » c'est marcher avec des souliers sans semelles. (Paulin Paris).

34

GLOSSAIRE

ABEVRÉ, arrosé.

ACOLER, embrasser en prenant par le cou.

ADONC, alors.

AFIER, promettre, assurer.

AGRÉER, plaire.

AIE, aide.

AMENDER, soulager, améliorer.

AMER, aimer,

AMONTER, s'élever.

AMOR, (bone), amour partagé, parfait.

APELER, implorer.

APENSÉS, raisonnable, réfléchi, avisé.

APROCHER, prouver.

ARGENS, argent.

ASSENTIR, consentir.

ASSIS, souvent, beaucoup.

ASSAGER, soulager.

ATENTE, ardeur ? audace ? attente.

ATOR, parure, atour.

AVENIR, obtenir, parvenir, advenir.

AVENTURE, hasard.

AVERE, avare.

BAILLIE, pouvoir, domination.

BALANT, dansant.

BARATE, tromperie, fraude.

BELEMENT, patiemment.

BERCHIER, berger.

BIEN, heureusement.

BIEN A CRÉANT, agréer davantage, de plus en plus.

BONNE AMOUR voir AMOR (bonne).

BONTÉ, faveur, caresse.

BUEF, bœuf.

CATE, chatte.

CHAPE, capuchon.

CHARTRE (mise en) ensorcelé, en servitude.

CHAVATE, savate.

CHEANCE, chance, atout.

CHIEF, tête.

CHIER, cher.

CHIET, tombe.

CIL, celui-là.

CLER, lumineux, brillant.

COINTE, bien fait, élégant.

COLOR, couleur, teint.

CON, que, comme.

CONPÉRER, acheter, payer cher.

C'ONQUES, à ce que.

CONTRERE, contrariétés.

CORAGE. cœur.

CORS, corps.

COSTOIER, cultiver, labourer.

CUI, que, qui.

CUIT, croit, verbe cuider, croire, penser.

DAMAGE, dommage.

DEBRIS, tourment.

DEFINAILLE, conclusion, fin.

DELAIEMENT, retard.

DELAIER, retarder.

DEL TOT, du tout, complètement.

DELEZ, près, auprès.

DELIZ, plaisir.

DEMORER, faire attendre, retarder.

DEPARTIR, partir, quitter, se séparer.

DE QUOI, du moment où.

DESCHAUX, déchaussé.

DESCOVENUE, découragement, déception, désespérance.

DESCRIVRE, décrire.

DESPERE, désespéré.

DESTRE, à droite.

DESTOR, tour.

DETENU, retenu.

DEVISER, raconter, expliquer.

DEVIS, agrément, volonté.

DEX, Dieu.

DORENLOT, refrain.

DROITURE. justice.

DRUE, maitresse.

EMPIRER, aggraver.

EMPRIS, conquis.

ENBLANT (en), en se dérobant.

ENBRICONER, rendre fou.

ENSEMENT, pareillement, de même nature.

ENTIER, sincère.

ENTOR, détour.

ENTRACOLANT, s'embrassant.

ENTREPRIS, subjugué.

ENVAIER, attaquer.

ENVEZ (à), à regret.

ESBATE, joie.

ESCOS, écossais.

ESLUE, choisie.

ESMAIER, s'étonner, se soucier.

ESMAIEMENT, émoi, souci.

ESPRIS, embrasé.

ESPONT, fredonne.

ESSAIER, essaiement, essaier, éprouver.

ESTRANGE, étranger.

ESTUET, est nécessaire.

EURS, heur, bonne chance.

EUZ, yeux.

FAILLANCE, erreur, faille, faute.

FAILLE (sans), de la sorte, sans faute.

FAILLIE, partie, disparue.

FAINTISE, feinte, duplicité, ruse.

FAINTISE (sans), franchement, de bonne foi.

FAUSSE MERELLE (trest), tricher au jeu.

FENIS, finis.

FINS, parfait, loyal.

FLAJOLOT, flageolet.

FLOR, fleur.

FOLOIER, devenir fou.

FORMENTIEX, ou FORMENTEX, vin provenant du raisin Fromentel ou Fromenteau, renommé en Champagne.

FORSAILLIE, escapade, sortie défendue.

FRANCE, noble.

FUI, serai.

FUST, bois.

GEL, je le.

GENSI, contraction : je, ainsi.

GIEU, jeu.

GIRRAI, coucherai.

GLAIOLAIS, glaieuls.

GLOUTE, gourmande, friande, gloutonne.

GREIGNOR, plus grand.

GREVER, faire tort, causer un préjudice, être tourmenté.

GUERREDON, récompense, paiement.

GUISE (sans nulle), qu'on le veuillle ou non.

HONI, avili, déshonoré.

HONS, homme.

HONS (bas), vilain, homme de petite condition.

IERT, sera.

ILEUC, là, à cet endroit.

IRE, colère.

ITIEUX, itex, tel.

JA, déjà, quoique.

JAMES, jamais.

JOIE, plaisir, jouissance.

JOU, jouir.

JOUSTE (de), le long.

JUSTISE, gouverne, commande.

LARGE, prodigue.

LAUTRIER, l'autre jour.

LOT, loue.

MAHAIGNE, rend malade.

MAIN, matin.

MAINS, moins.

MALE, méchant, mauvais.

MALTALENZ, dépit.

MAL TRERE, trahison.

M'AMOR, mon amour.

MATE, blême.

MAUVIS, merle, grive, alouette huppée.

MERCI (par votre), de bonne grâce.

MERVEILLES, s'émerveille.

MES, mais.

MESAVENTURE, malheur, malechance.

MESTIERS, intérêt, besoin.

MESURABLE, sobre, modéré.

MIE, plus.

MIELS, mieux.

MIRE, médecin.

MOIE, en moi.

MONTÉS, aspirer.

MOULT (de), de plus.

MOULT, beaucoup.

MUE (en) enfermée.

MUIER, qui a mué, changer.

NEL, ne le.

N'ONQUES, jamais.

NOTE, air.

NUS, nul.

OCIR, tuer.

OIE, entend.

OIL, œil.

OISSELON, oisillon.

OT, entend, avait, avec.

OUTRAGE, excès.

PAIEMENT, récompense.

PALESTIAUX, lambeaux.

PAR SEMBLANT, en apparence.

PARTIR, séparer.

PESANCE, chagrin, peine, ennui, tristesse.

PEVREZ, poivré.

PIECEA, longtemps.

PLAISIR, volonté, gré.

PLESEIS, enclos, jardin fermé, parc.

PLOT, plut de plaire.

POIGNANZ, pointants.

POIX, pèse.

POR, par.

PORPENSANS, songeant.

POR QUOI, pourquoi.

POS, possible.

PREU, profit.

PRIMES, d'abord.

PRIS, honneur, estime.

QUEURENT SEURE, courir sus, poursuivre, pourchasser.

QUIER, vouloir, chercher.

QUIERT, cherche.

RACOINTER, discuter.

RAISONS, raisonnable.

RAMENDER, raccommoder.

RAPAIEMENT, consolation, apaisement.

RAPAIER, apaiser, calmer, consoler, adoucir.

RAPELE, ramène.

RAVIE, enlevée de force.

RECONFORTER, soulager.

REMIRE, regarder avec attention, admirer.

RETRAIE, retraire, retraiement, reprocher, reculer, s'éloigner, éloignement, détacher, se retirer d'une chose, cesser de la faire.

RIENZ, créature, personne.

SANE, guérit.

SEJOR, attente, remise.

SEMBLANT, apparence.

SENÉE, sensée.

S'ENSI, si ainsi.

SENTIR, ressentir.

SERF, esclave.

SERVIR (tout), être son serviteur.

SET, sait.

SEURE, sus.

SOLE, seule.

SORMONTÉ, surmonté.

SORPRIS épris.

SOZ, sous.

TABOR, tambour.

TALENT, envie, désir.

TANT SEULEMENT, jusqu'à ce que.

TENDANT, cherchant.

TENIR, posséder.

TIR, tient ?

TOLU, enlevé, pris par force.

TOR, tour.

TOST, bientôt.

TOT, tout.

TOUT, tout entier.

TOUT ADÈS, sans cesse.

TOUT VRAIMENT, en toute vérité.

TOUZE, jeune pastourelle.

TOUZDIS, toujours.

TRAVAUX (bons), grand tourment.

TRAVAILLER, tourmenter.

TRESPENSIS, accablé.

TREST (fausse merelle), tricher au jeu.

TRESTOR, retour, détour.

TRUIST, trouve de trouver, verbe.

VERZ, verts, brillants.

VET, va.

VIS (ce m'est), c'est mon avis, il me semble.

VIS, vivant, visage.

VOIE, chemin.

VOLENTÉ, désir, volonté.

VOUSIST, courbé, baissé.

VRAI MERCY, vraie grâce.

LA MUSIQUE DES CHANSONS

Dans les divers manuscrits des XIIIe et XIVe siècles déjà cités, les neuf chansons, dont nous donnons ici une transcription, sont exprimées au moyen de la même notation que les mélodies ecclésiastiques de cette époque.

Les formules neumatiques y sont semblables, bien que moins nombreuses et moins développées.

Le chant étant presque toujours syllabique, le *punctum* et surtout la *virga* constituent la plus grande partie de la notation.

Viennent ensuite la *clivis* et plus souvent son dérivé, le *climacus* ; quelquefois le *podatus* et le *scandicus*. On y remarque aussi quelques formes rares du *torculus* et du *scandicus subpunctis*, puis un petit signe incurvé, assez analogue au *cephalicus* des grands manuscrits médiévaux, mais d'une forme moins accusée, et, en quelque sorte, inachevée. Nous avons traduit ce dernier signe par une note ordinaire suivie d'une note plus petite exprimant un son liquescent, une sorte de port de voix à peine audible.

A première vue, le musicien le moins expérimenté pourra remarquer combien ces mélodies si curieuses, et déjà si variées d'expression, diffèrent des mélodies ecclésiastiques des époques correspondantes. La musique des trouvères du Moyen-Age est le premier pas qui ait été fait vers le sentiment dramatique moderne ; c'est le résultat d'un effort comparable à celui qui se produisit au début du XVIIe siècle, lorsque les écoles de Luigi Rossi et de Carissimi obligèrent la formule palestrinienne à céder le pas à la diction expressive et à la phrase colorée.

Cette musique des ménestrels, éminemment profane, nous allions dire païenne, peut-elle se rattacher aux huit modes, authentes et plagaux, qui constituaient la musique officielle de l'Eglise ? Sans doute, il est difficile de l'en séparer complètement : le même système musical a servi de base à ces deux arts parallèles ; cependant la tendance qu'avait la musique profane à s'échapper du vieux moule dans lequel étaient coulées les mélodies appelées à tort aujourd'hui "grégoriennes" est nettement affirmée dans plusieurs de nos chansons. A vrai dire, la tonalité moderne n'est pas encore caractérisée, cependant ces mélodies sont plus près de nous qu'elles ne le sont du système gréco-médiéval. Par suite de cette indécision il y a, pour le compositeur, liberté d'allure, voire licence, dans la conduite de la mélodie ; et, par suite de l'ivresse de l'indépendance ainsi conquise, s'est glissée, avouons-le, plus d'une incohérence ; le trouvère avançait, livré à lui-même, et non plus guidé par cette science sûre et précise de la tonalité, que ses confrères du cloître et de l'autel puisaient dans la lecture de Boëce, d'Hucbald, de Francon, de Guido et autres musicologues.

Comme la plupart des trouvères, Robert La Chièvre semble avoir affectionné les modes situés sur l'hexacorde dur, transposé à la partie aiguë, ces myxo-lydien et hypo-myxo-lydien si brillants, précurseurs de notre tonalité d'ut. Ainsi le N° 8, « *Maint s'est levée Aeliz* », peut être considéré comme étant du VIIe mode, avec finale en c, mais quelle amplitude inusitée dans la *tessitura* ! quel vagabondage mélodique ! Le N° 7 : « *quand fueillissent* », est également du VIIe mode, avec une modulation passagère. Le N° 5.« *L'Autrier* » participe aussi du VIIe mode, avec cette circonstance déconcertante que les caractères de sa mélodie en font un véritable 1er mode, transposé une octave plus haut, ce que les musiciens d'église n'eussent jamais osé faire.

Enfin le N° 9 «*Jamais portant*» est encore du VIIe mode, graphiquement ; mais, en fait, cette pièce remarquable échappe à toute classification modale ancienne, et nous ne craignons pas de dire que c'est une des plus avancées que les oreilles du XIVᵉ siècle aient pu entendre, si avancée même qu'il n'y a pas très loin de là aux *Meistersinger* de Wagner et au merveilleux *Sacre du Printemps* de Strawinsky. Dans cette mélodie, de sonorité cristalline et translucide, d'allure perverse et de contours glauques, il n'y a plus de souvenirs monastiques ni de réminiscences grégoriennes. L'assimilation avec notre mode majeur est complète ; la finale comporte une cadence à la dominante, formule chère aux picards ; et, pour que notre étonnement soit porté à son comble, voici l'accord de septième de dominante qui apparaît, indiscutable, en quatre notes brisées sur les mots « *ne ja ne quit* », largement déclamés, puis suivis d'un saut de sixte majeure, nouvelle entorse à toutes les règles scolastico-médiévales qui faisaient, alors, dogme.

L'auteur est moins heureux dans l'emploi du *systema molle*. Le N° 6 « *Touze de vile champestre* », n'est, à vrai dire, qu'une antienne du IIᵉ mode, qui passerait inaperçue dans l'office semi-double de quelque saint obscur. Le N° 4 trahit des hésitations, des incertitudes, au milieu desquelles il est difficile de discerner la pensée de l'auteur. L'emploi presque constant du *b rotundum* dans une pièce qui commence et finit dans le VIIIᵉ mode, indique le souci qu'avait Robert La Chièvre de sortir des chemins battus des tonalités gréco-ecclésiastiques ; mais pour aller où ? Il ne l'a pas toujours bien su lui-même ! Le N° 1 est plus cohérent. Il débute dans le Vᵉ mode, ce lydien aimable qui avait tant d'analogie avec notre ton de fa moderne ; puis il conclut dans le 1ᵉʳ mode, usage emprunté aux mélodies ecclésiastiques.

Enfin le N° 3 « *Qui bien veut amors descrivre* », mérite, au point de vue musical, une mention spéciale. Nous en connaissons trois versions différentes. C'est la seule des chansons de Robert La Chièvre qui présente cette particularité. En effet, toutes les autres mélodies sont transcrites, dans les divers manuscrits, avec une uniformité qui ne laisse pas d'être frappante. Il a fallu que ces chansons fussent entourées d'une sorte de respect religieux pour que leur texte musical ait été conservé avec une telle pureté par les divers copistes. A peine avons-nous relevé çà et là quelques variantes insignifiantes, qui ne valent pas la peine d'être signalées.

Le N° 3, au contraire, a subi des altérations profondes en passant en diverses mains. La mélodie du manuscrit R ne nous paraît pas être celle de Robert La Chièvre. Elle est totalement différente des autres versions, et n'offre, d'ailleurs rien de remarquable. C'est un phrygien bâtard, qui se termine dans le second mode, transposé à la quarte supérieure ; nous n'avons pas cru devoir en donner la transcription.

Les manuscrits X et K nous donnent un autre chant qu'ils reproduisent l'un et l'autre sans variantes sensibles. C'est ce chant que nous croyons authentique pour le N° 3. Il est dans le huitième mode, un de ceux qu'affectionnait notre trouvère, et il a l'allure incisive des N°ˢ 5, 7, 8 et 9. Le manuscrit U, en notation messine reproduit aussi cette version, mais avec des variantes très considérables qui ne nous paraissent pas de très bon aloi et qui portent un caractère évident de terroir.

Enfin le manuscrit O s'est inspiré également de X et K, mais outre des variantes nombreuses et bizarres, la mélodie a été transposée un ton plus bas, en fa, ce qui a nécessité l'emploi de signes accidentels inusités à cette époque et que l'on ne rencontre pas sans quelque étonnement dans un manuscrit du commencement du XIV° siècle. Nous nous trouvons ainsi par deux fois en présence d'un bémol placé devant le mi, que la transposition a rendu obligatoire pour exprimer le fa bécarre du ton original. C'est là un phénomène assez peu fréquent au Moyen-Age, et il faut admettre que le copiste, qui

42

a transcrit pour son usage personnel ce manuscrit, avait une haute idée du chromatisme puisqu'il avait reconnu la possibilité d'établir une *chorda mobilis* entre tous les degrés diatoniques de l'hexacorde. Nous terminerons en disant quelques mots sur le procédé de transcription que nous avons adopté :

Nous avons ramené à la clef de sol, les diverses clefs d'ut, de lecture inusitée aujourd'hui. Les barres transversales correspondent à la coupure des vers.

Nous avons fait usage de notes uniformément égales, que nous avons réunies par une ligature chaque fois qu'elles expriment un groupe neumatique. Toute note isolée est donc la représentation d'une *virga* des manuscrits, et tout groupe lié correspond soit à une *clivis*, soit à un *podatus*, soit à toute autre formule neumatique qu'il est aisé de reconstituer immédiatement, l'emplacement des notes de ces diverses formules étant invariable.

Ce mode de transcription nous a paru le meilleur ; en tous cas il a le rare mérite d'être de la plus grande impartialité.

Les deux seules certitudes absolues que nous possédions, en effet, sur la musique du Moyen-Age sont celles-ci : nous connaissons, d'une part, la hauteur mélodique des notes par le moyen des clefs et des lignes, et nous savons, d'autre part, que chaque formule neumatique est un groupe de notes liées et inséparables. Or notre transcription, exprimant ces deux choses, est donc une version exacte des originaux. Toute autre indication eût été fantaisiste, et, dans l'état actuel de nos connaissances, n'eût relevé que de l'hypothèse, de l'arbitraire, de la théorie et du système.

C'est donc à dessein que nous nous sommes abstenu de toute reconstitution de rythme et de mensuration. Non pas que nous croyions que les mélodies du Moyen-Age aient été chantées sans rythme. Nous sommes persuadé du contraire. Mais toutes les théories échafaudées jusqu'ici sur ce sujet, malgré la belle assurance de leurs auteurs, ne nous donnent pas satisfaction. Aussi spécieuses et séduisantes que soient ces théories, le problème complexe et délicat de l'interprétation des neumes, au point de vue de la durée des sons, reste encore à résoudre.

M. de Coussemaker avait trouvé le vrai système. Les RR. PP. Bénédictins de Solesmes ont trouvé, eux aussi, le vrai système. M. Burnouf a exposé un système également vrai. Vrai aussi le système de M. Houdard ; vrai enfin celui de M. Jean Beck. Et tous ces systèmes se contredisent ! Et c'est merveille de voir comment chacun de ces auteurs considère son travail comme définitif, déclare la question tranchée, et dit, sans ambages, son mépris pour les adversaires.

Or nous croyons que le vrai système — encore à trouver, — consistera précisément à n'être pas un système, mais sera la mise en lumière d'un document permettant de trancher la question.

Pour résumer brièvemént les diverses opinions émises à ce sujet, rappelons que M. de Coussemaker avait adopté, pour la lecture des manuscrits des XIIe et XIIIe siècles, les principes de mensuration donnés deux siècles plus tard par Jean de Muris ; et malgré de nombreuses erreurs, il n'avait pas manquer de côtoyer souvent la vérité. Les Bénédictins ont imaginé le système des notes égales, procédé facile et barbare auquel la plupart d'entre eux ont déjà renoncé. M. Burnouf a déduit le rythme et la mesure de la nature du morceau. Ainsi le *Vexilla Regis* et le *Pange Lingua* qui se chantent en procession doivent être deux marches, l'une lente, l'autre en pas redoublé. C'est la fantaisie illimitée. M. Houdard a exposé le plus ingénieux, le plus séduisant, le plus romanesque des systèmes, mais qui, malheureusement, n'est confirmé par aucun témoignage des auteurs didactiques du Moyen-Age.

Enfin M. Beck a échafaudé son système d'après la concordance des temps forts musicaux et des accents toniques du langage. Ce système qui n'est pas exempt de vérité l'a conduit, quelquefois au même résultat que M. de Coussemaker, quelquefois au résultat opposé, en lui faisant trouver un iambe là où le premier avait trouvé un trochée, et vice versa. Mais il a eu le tort, comme tous les autres, de vouloir l'ériger en système définitif, incontestable et inamovible et d'avoir prétendu assujettir le carcan de la mesure moderne aux mélopées quasi-orientales du Moyen-Age, qui doivent conserver une souplesse d'allure, une liberté de mouvement que les transcriptions de M. Beck rendent impraticables. Ainsi, dans certains passages qui se pliaient difficilement à l'application de sa méthode, il n'a pas hésité à diviser en deux parties des neumes qui doivent former un seul groupe lié, ce qui constitue l'accroc le plus grave qui puisse être fait aux règles précises données, à ce sujet, par les anciens musicographes. Enfin nous pourrions ajouter, pour condamner ce système d'une façon définitive, qu'il est fort douteux que les chanteurs aient tenu compte aussi rigoureusement de l'accent tonique ; les chants populaires des époques postérieures tendraient plutôt à nous prouver le contraire. Le seul moyen qui, selon nous, conduirait à une solution satisfaisante du problème, consisterait à rechercher minutieusement quelle valeur rythmique a été assignée aux mélodies médiévales lorsque celles-ci ont servi, à des époques un peu postérieures, pour établir des déchants, où elles étaient considérées comme teneurs ou *tenores*, ou pour « *farcir* » des compositions polyphoniques où elles entraient comme parties supplémentaires. Il est certain que, dans de telles compositions, les rythmes populaires de ces mélodies ne devaient subir que bien peu d'altérations, sinon elles fussent devenues méconnaissables pour le public auquel elles s'adressaient. Nous entreprendrons peut-être un jour ce travail auquel nul n'a songé, et qui nous permettra ainsi de présenter les mélodies des trouvères selon leur véritable physionomie rythmique.

GRILLOT DE GIVRY.

45

LA MUSIQUE DES CHANSONS

de

ROBERT LA CHIÈVRE DE REIMS

transcrites

en notation moderne

par

GRILLOT DE GIVRY

I

Bien s'est a _ mors ho _ ni _ e, Quant el m'a
si tra _ ïs, qu'el m'a fait sans a _ mi _ e
a _ mer, tant con fui vis. Morz sui, ce m'est
a vis, por ce que je n'aim _ mi _ e;
ne ja _ mais en ma vi _ e ne se _ rai fins a _ mis.

Plaindre m'estuet de la be _ le en chan _ tant,
tant seu_le _ ment qu'e_le oie la no _ ve _ le, coment s'amor vet
mon cüer en _ chan _ tant, que tout a _ des
ses maus li re_no _ ve _ le. Nonques d'a _ mer ne se va re _
_ pen_tant; mais _______ ce me vient toz jorz bien à
_ cre _ ant de li servir: s'iert m'a_ten _ te plus be _ le_

Qui bien veut a mors des - cri - vre : a mors est
et ma le et bo - ne; Le plus me - su - ra - ble
e - ny - vre, et le plus sa - ge em bri co - ne;
les em - pri - so - nés de - li - vre, les dé - li - vrés en
pri - so - ne, cha - cun fait mo - rir et vi - vre
et a cha - cun tout et do - ne, et fole et sa -
ge est a mors, vie et mors, ioie - et do - lours.

IV

Quant voi le dolz tens ve _ nir. la flor en la pré _ e,
la ro _ _ se espa _ nir, a _ donc chant, plor et sos _ pir,
tant ai joi _ e a _ mé _ e, dont ne puis jo _ ïr! Mir,
ma joi - e, sanz re _ pen _ tir, tir
à ce que ne puis sen _ tir. N'as _ sen _ tir
ne me puis, por nul a voir, au de _ par _ tir,
Je voi ce que je de sir; si nen puis joi _ _ e a voir.

V

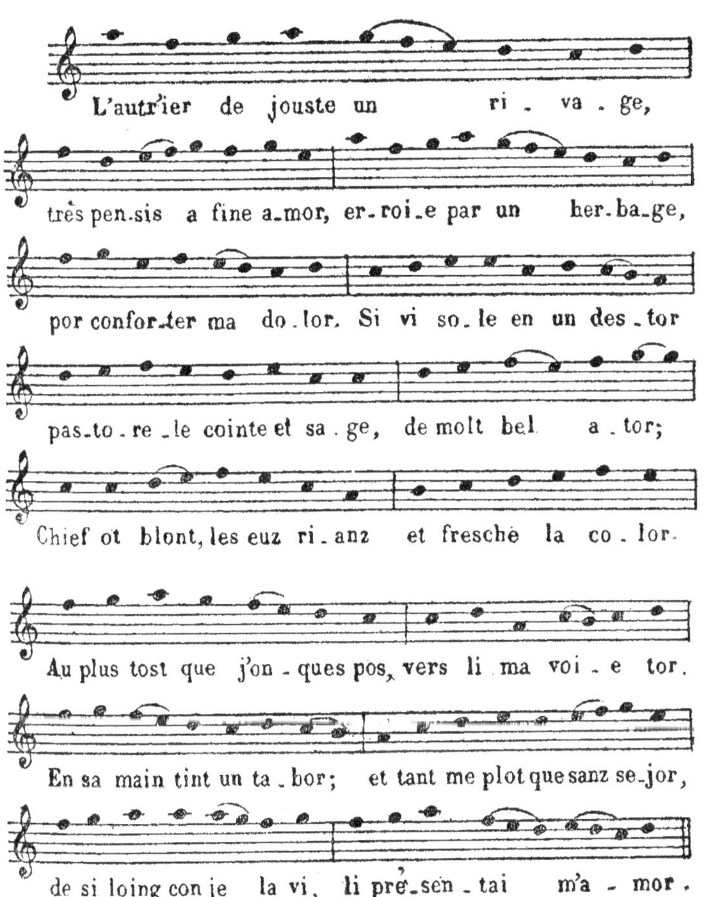

L'autr'ier de jouste un ri _ va _ ge,
très pen_sis a fine a_mor, er_roi_e par un her_ba_ge,
por confor_ter ma do_lor. Si vi so_le en un des_tor
pas_to_re_le cointe et sa_ge, de molt bel a_tor;
Chief ot blont, les euz ri_anz et freschè la co_lor.
Au plus tost que j'on_ques pos, vers li ma voi_e tor.
En sa main tint un ta_bor; et tant me plot que sanz se_jor,
de si loing con je la vi, li pré_sen_tai m'a_mor.

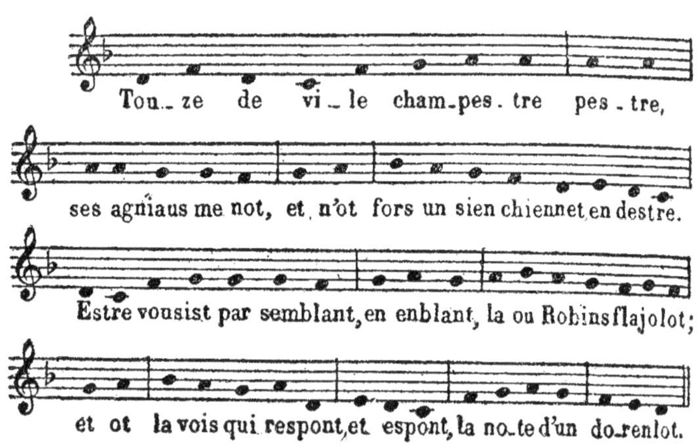

Tou..ze de vi..le cham.pes.tre pes..tre,
ses agniaus me not, et n'ot fors un sien chiennet en destre.
Estre vousist par semblant, en enblant, la ou Robins flajolot;
et ot la vois qui respont, et espont, la no..te d'un do..renlot.

Quant fueil . lis . sent li buis . son,
que naist la flor el vert pré, que chantent cil oi.se .lon,
contre le tens et la sai .son d'esté, chanter m'estuet par raison
qu'amors le m'ont dit et co . man . dé, qui mon cuer ont
dé. te. nu en pri.son. Et grant piece a.mont a .fi . é
de moi rendre guer.re.don à ma vo . len . té;
et si m'ont do.né un don que par droit puis bien chanter
En non Dex, je m'en dueiL . et dé .bris d'a . mer!

Maint s'est le vée Ae _ liz, qui tot son cuer en de _ liz
a mis, et en fai_re joi _ e So le tient sa voi _ e
lez un ple _ ze _ iz.. Là chantoit u_ne mau _ viz,
qui molt a en _ viz a por li _ ses chans fe _ niz.
Quant e _ le soz la ra _ mee ot _ haut chan _ té,
En u _ ne dolce pen_sé _ e jut a ma vo_len _ té.

Jamais portant con l'ame el cors me ba . te,
ne qu ier a . voir en a . mor ma pen . sé . e,
quant je voi ce que del tot mi ba . ra . te la riens el mont
que je plus ai a . mé . e. En cor soit el plus glo ute
q'u . ne cha . te, si l'aim' je melz que feme qui soit no . e;
ne ja ne quit que mon cuer en es . ba . te.

On pourrait s'étonner plus tard que je n'aie fait dans ma biographie de Robert La Chièvre de Reims aucune allusion à un travail sur les chansons de ce trouvère publié dans une certaine revue allemande, c'est volontairement que je l'ai passé sous silence. Il n'est pas possible que nous ayons de longtemps en France rien de commun avec les descendants authentiques des Huns, qui non seulement ont proclamé à la face de l'Europe que les engagements les plus solennels n'étaient pour eux que des « chiffons de papier », mais encore ont transformé la guerre — inévitable d'ailleurs dans l'avenir comme elle l'a été dans le passé, et mille fois plus atroce et plus sauvage que dans le passé — en une boucherie infernale accompagnée de pillages, d'incendies et de cruautés sans nom exercées sur des populations inoffensives. L'invasion de la Belgique, le massacre des femmes et des enfants belges pour terroriser ce noble et malheureux pays, l'incendie de la bibliothèque de Louvain, le bombardement et la destruction de la cathédrale et de la ville de Reims, la mise à sac de tant de localités françaises, la déportation en masse des populations de la Belgique et du Nord de la France, l'enlèvement des jeunes filles, etc.., tous ces hauts faits de la *Kultur* germanique sont des crimes que nos descendants pourront peut-être oublier, mais qui resteront gravés dans la mémoire de ceux qui ont vu la vraie Allemagne — l'Allemagne des Michelet et des Quinet — à l'œuvre sous la figure de ses 420 et de ses 305, de ses gaz asphyxiants, de ses liquides enflammés, de ses zeppelins et de ses sous-marins ! N'oublions pas que les alliés de l'Allemagne ont été dignes de figurer à sa suite : l'Autriche et la Bulgarie ont procédé à l'extermination partielle des Serbes, la Turquie a fait plus encore, elle a prouvé que la *Kultur* n'avait plus rien à lui apprendre : de sang-froid et sans l'ombre d'un motif, elle a fait égorger par ses Kurdes un million d'Arméniens, hommes, femmes et enfants sans compter les Syriens, etc. Après la fin de cette guerre qui se terminera, je l'espère, par l'écrasement des barbares et la chute d'Attila, l'Allemand, quel qu'il soit, devra être l'objet d'une haine qui restera toujours au-dessous de la vengeance due à ses victimes.

FRÉDÉRIC LACHÈVRE,
Le Vésinet (S.-et-O.), 1er Mars 1917.

Achevé d'imprimer

le 27 décembre 1917

quatrième année de la grande guerre

de la civilisation contre la barbarie teutonne

par Alfred LAJAT, imprimeur

31, Rue des Fontaines, Morlaix (Finistère)

Tiré à 30 exemplaires

N° 2

Offert à la Bibliothèque nationale.